A
Celebration
of the
Life
of

Gone from this
earth,
but living on
in our hearts

Guest Thoughts & Memories

Name

Thoughts & Memories

Name

Thoughts & Memories

Name

Thoughts & Memories

Name

Thoughts & Memories

Name

Thoughts & Memories

Name

Thoughts & Memories

Name

Thoughts & Memories

Name

Thoughts & Memories

Name

Thoughts & Memories

Name

Thoughts & Memories

Name

Thoughts & Memories

Name

Thoughts & Memories

Name

Thoughts & Memories

Name

Thoughts & Memories

Name

Thoughts & Memories

Name

Thoughts & Memories

Name

Thoughts & Memories

Name

Thoughts & Memories

Name

Thoughts & Memories

Name

Thoughts & Memories

Name

Thoughts & Memories

Name

Thoughts & Memories

Name

Thoughts & Memories

Name

Thoughts & Memories

Name

Thoughts & Memories

Name

Thoughts & Memories

Name

Thoughts & Memories

Name

Thoughts & Memories

Name

Thoughts & Memories

Name

Thoughts & Memories

Name

Thoughts & Memories

Name

Thoughts & Memories

Name

Thoughts & Memories

Name

Thoughts & Memories

Name

Thoughts & Memories

Name

Thoughts & Memories

Name

Thoughts & Memories

Name

Thoughts & Memories

Name

Thoughts & Memories

Name

Thoughts & Memories

Name

Thoughts & Memories

Name

Thoughts & Memories

Name

Thoughts & Memories

Name

Thoughts & Memories

Name

Thoughts & Memories

Name

Thoughts & Memories

Name

Thoughts & Memories

Made in the USA
Las Vegas, NV
18 October 2022

57719360R00057